Le Soccer

Un sport populaire

Le soccer est le sport le plus populaire dans le monde. 265 millions de personnes jouent au soccer. C'est beaucoup ! Imagine, il y a environ 10 fois plus de joueurs de soccer que d'habitants au Canada !

Soccer ou football ?

Tu joues au soccer ? Eh bien, si tu voyages en France et qu'une personne te demande si tu aimes le football, réponds oui ! En Europe et en Afrique, le soccer s'appelle le football. On peut parler la même langue, mais avoir des expressions différentes !

« Football », c'est un mot anglais construit à partir de « ball », pour balle et « foot », pour pied. Ce qui donne « balle au pied ».

Histoire

C'est en Angleterre que le soccer s'est développé pour devenir le sport tel que tu le connais aujourd'hui. Et ça a pris du temps ! Pas dix ans, pas cinquante ans, pas cent ans ! Il a fallu plusieurs centaines d'années avant qu'un groupe d'écoles et de clubs de Londres ne s'entendent sur les premières règles du jeu, en 1863.

Le hockey a été « inventé » presque en même temps, mais cette fois, c'est nous, les Canadiens, qui sommes les inventeurs ! Les premières règles officielles ont été publiées en 1877 dans le journal La Gazette de Montréal.

Le terrain

Parlons des règles justement. Le terrain de soccer doit respecter des dimensions. Il doit mesurer entre 90 et 120 mètres de longueur et entre 45 et 90 mètres de largeur.

Lors de la Coupe du monde, le championnat international le plus important, le terrain mesure 105 mètres de longueur par 68 mètres de largeur. Pour te donner une idée de la grandeur du terrain, imagine un stationnement dans lequel on placerait 1 000 voitures.

Le ballon

Dans les compétitions officielles, le ballon aussi doit satisfaire certaines normes. On contrôle entre autres sa grosseur et son poids.

Un ballon de soccer doit peser entre 410 et 450 g au début du match. On peut comparer son poids à celui d'un homard.

Encore le ballon !

Sais-tu comment est fabriqué le ballon de soccer ? Pour faire l'enveloppe extérieure, on coud ensemble 32 panneaux de cuir noir et de cuir blanc. L'enveloppe du ballon est donc fabriquée comme une courtepointe, cette grande couverture que nos arrière-arrière-grands-mères fabriquaient à partir de bouts de tissus de couleurs et de formes différentes.

Pour le gonfler, on insère à l'intérieur de cette enveloppe un sac de caoutchouc dans lequel on pompe de l'air, comme avec les pneus d'une bicyclette.

Vitesse du ballon

Certains joueurs de soccer sont capables de propulser le ballon à plus de 120 km/h ! C'est plus rapide que la vitesse des voitures sur l'autoroute.

Le but

Le gardien doit être constamment sur ses gardes pour empêcher le ballon de pénétrer dans son but. Il doit couvrir un espace de 18 m², ce qui est aussi grand que la chambre de tes parents !

Distance

Les joueurs de très haut niveau parcourent habituellement entre 10 et 13 km par partie. 13 km, c'est trois fois la hauteur de l'Empire State Building à New York. Ou 13 km, c'est long comme une rangée de 50 Titanic.

Sport intense

Le soccer est un sport physiquement intense. Durant une partie d'une heure et demie, un joueur de haut niveau qui pèse 75 kilos va dépenser environ 1,6 millions de calories !

Imagine, c'est environ le même nombre de calories qu'une personne d'âge adulte va dépenser en une demi-journée !

Légende

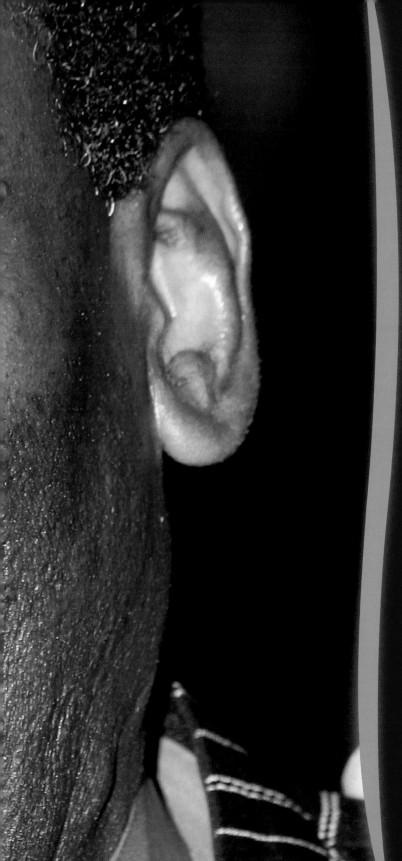

Plusieurs joueurs ont marqué l'histoire du soccer. L'un de ces joueurs légendaires est le Brésilien Edson Arantes do Nascimento, mieux connu sous le nom de Pelé. C'est le seul joueur de soccer à avoir été trois fois champion du monde.

Si Pelé était un joueur de hockey, on pourrait le comparer à Maurice Richard. Détenteur de nombreux records, Maurice Richard a permis au Canadien de Montréal de remporter 8 coupes Stanley.

Couleur des maillots

Le gardien de but est le seul de son équipe à porter un maillot de couleur différente. On pourrait dire que c'est le mouton noir du troupeau.

C'est en effet un joueur différent des autres. C'est le seul qui est autorisé à toucher le ballon avec ses mains. Il porte donc un maillot d'une autre couleur pour qu'on puisse facilement le différencier des autres joueurs.

L'arbitre

L'arbitre doit veiller à la sécurité des joueurs et au respect des règles du jeu. Pour remplir son rôle, il peut punir un joueur de trois façons différentes. Il peut le réprimander oralement, lui coller un carton jaune, pour lui donner un avertissement sérieux, ou lui coller un carton rouge, pour l'exclure immédiatement du jeu.

Ça ne te fait pas penser au rôle de ton professeur ? Si tu déranges ton voisin, il va sûrement te dire d'arrêter. Si tu continues, il peut te prévenir que tu risques d'aller chez le directeur. Et si tu fais une grosse bêtise, c'est tout droit chez le directeur !

Football féminin

La pratique du soccer par les femmes n'a pas toujours été évidente. Au début du 20e siècle, les femmes ne sont pas acceptées par les fédérations masculines. Pour jouer, elles doivent fonder leurs propres organisations. Au niveau mondial, la première Coupe du monde féminine n'a lieu qu'en 1970.

Les femmes ont dû se battre pour faire valoir leurs droits dans plusieurs domaines. Comme pour le soccer, les femmes ont fait pression pour obtenir le droit de vote aux élections. Au Québec, elles ne l'ont obtenu qu'en 1940 ! Le Québec était la dernière province du Canada à leur accorder ce droit fondamental.

La coupe du monde

La Coupe du monde est la compétition internationale la plus regardée avec les Jeux olympiques. Son organisation coûte très cher et cela empire avec les années.

L'Afrique du Sud a dépensé au moins 5,5 milliards de dollars pour accueillir la Coupe du monde en 2010. C'est beaucoup d'argent. Imagine, c'est ce que certains des pays les plus pauvres de la planète, comme le Cameroun ou la République démocratique du Congo, prévoient dépenser en une année !

Gouvernement du Québec – Programme de crédit d'impôt
pour l'édition de livres – Gestion Sodec

info@lesmalins.ca

Éditeur: Marc-André Audet
Textes: Annabelle Tas
Recherche: Annabelle Tas
Conception graphique et montage: Energik Communications

Dépôt légal – Bibliothèque et Archives nationales du Québec, 2011
Dépôt légal – Bibliothèque et Archives Canada, 2011

ISBN: 978-2-89657-110-9

Imprimé au Canada

Les éditions Les Malins inc.
1447, rue Wolfe
Montréal (Québec)
H2L 3J5